Für Sophie

Titel der niederländischen Originalausgabe: Olifantensoep
First published in 2009 in the Netherlands by Lemniscaat b.v. Rotterdam
© text and illustrations: Ingrid and Dieter Schubert, 2009

Bibliografische Information der Deutschen Nationalbibliothek:
Die Deutsche Nationalbibliothek verzeichnet diese Publikation in der
Deutschen Nationalbibliografie; detaillierte bibliografische Daten sind
im Internet über http://dnb.d-nb.de abrufbar.

© der deutschen Übersetzung Sauerländer 2011
Bibliographisches Institut GmbH, Dudenstraße 6, 68167 Mannheim
Aus dem Niederländischen von Andrea Kluitmann
Alle Rechte vorbehalten.
Umschlaggestaltung: Gesine Beran, Meerbusch
Printed in Belgium
ISBN: 978-3-7941-5273-5
www.sauerlaender.de

Ingrid & Dieter Schubert

Elefanten-
suppe

Aus dem Niederländischen von
Andrea Kluitmann

Sauerländer

Manchmal bin ich nicht so gut drauf.
Weißt du, was ich dann mache?

Ich trommle alle meine Freunde zusammen ...

und besorge mir einen richtig großen Kochtopf.

Denn wenn man sich mal nicht so gut fühlt, hilft nur eins:

Elefantensuppe!

Meine Freunde füllen den Topf mit Wasser und machen Feuer.

Und ich fange in der Zwischenzeit einen Elefanten.

Nur noch tüchtig schrubben ...

in den Topf geben
und köcheln lassen,
bis er schön rosa ist.

Ein bisschen Gemüse noch dazu,
Pfeffer und eine Prise Salz.
Deckel auf den Topf.
Fertig.

Moment mal!
Ein Deckel?

Das passte dem Elefanten gar nicht!

Und jetzt? Keine Suppe ...
  Aber wir haben ja noch den Topf!

Und den Elefanten!
Zum Glück!